Ayurveda pour débutants

Comment intégrer facilement le principe d'autoguérison indien dans votre vie quotidienne et trouver une santé globale étape par étape.

Tanja Gerlach

CONTENU

Ce qui vous attend dans ce livre

Combattre le stress, l'agitation et les problèmes de santé avec des recettes délicieuses et des massages relaxants, et appeler le tout médecine, c'est une utopie ? Bien au contraire !

Peu importe ce qui vous préoccupe : Que vous soyez malade, simplement mal à l'aise ou incapable de faire face à tous les défis du monde moderne. Même si vous souhaitez simplement perdre quelques kilos ou vous sentir à nouveau bien dans votre peau : L'ayurveda peut vous aider.

En effet, cet art de la guérison ancestral ne se

contente pas de combattre vos petits maux de manière merveilleusement personnalisée, il permet également d'équilibrer votre corps et votre esprit et de préserver votre santé à long terme grâce à un mode de vie personnalisé.

Ce guide vous propose de découvrir le plus ancien système de santé au monde, des rituels de santé bénéfiques au quotidien, des recettes qui vous mettront l'eau à la bouche et bien plus encore.

Plongez dans le monde de l'ayurvéda et découvrez par vous-même une médecine qui vous renforce, vous maintient en bonne santé et a un effet positif sur votre moral.

Ayurveda : qu'est-ce que c'est au juste ?

Vous avez peut-être déjà lu le terme Ayurveda sur l'emballage d'une tisane ou d'un mélange d'épices, vous l'avez peut-être croisé en parcourant un catalogue d'hôtels bien-être ou en visitant un spa, mais il y a bien plus derrière ce mot à la consonance si exotique.

S'il est vrai que l'alimentation, la vitalité et la perception du corps jouent un rôle important, l'origine de la doctrine ayurvédique est un système médical qui trouve ses racines en Inde. L'ayurveda est en effet un art de la guérison traditionnel très ancien de l'ancien peuple indien des Védas. Cette médecine alternative proche de la nature est une combinaison de philosophie et de valeurs empiriques et aurait entre 3.000 et 5.000 ans. Elle reste cependant étonnamment moderne aujourd'hui et est principalement pratiquée dans les pays d'Asie du Sud. L'Organisation mondiale de la santé a également reconnu l'ayurvéda comme une science médicale - il s'agit donc de bien plus qu'une simple tendance de bien-être.

Dans notre pays, la médecine naturelle est depuis quelque temps de plus en plus appréciée : la demande augmente surtout chez les patients qui font de toute façon confiance à la médecine alternative naturelle, car les méthodes préventives convainquent entre autres par leur efficacité personnelle et leurs approches thérapeutiques individuelles. Un autre avantage de l'ayurvéda est la possibilité d'intégrer ses concepts dans notre système de santé, de sorte que de plus en plus de médecins et de professionnels de la santé suivent des formations et des perfectionnements.

Les mots "ayus" et "veda" viennent du sanskrit et signifient "vie" et "connaissance", ce qui permet de traduire "ayurveda" par "connaissance de la vie" ou "science de la vie". L'objectif est de créer une harmonie entre le corps et l'âme, c'est-à-dire une vie dans laquelle les sens physiques sont en harmonie avec les aspects mentaux, émotionnels et spirituels.

C'est ce que l'on appelle un système de santé holistique, car l'individu est considéré dans sa globalité plutôt que de traiter des troubles individuels.

L'Ayurveda propose certaines méthodes qui ciblent le traitement et la guérison des maladies. Cependant, l'accent est mis sur la prévention des maladies ou des troubles du corps et de l'esprit. En effet, le mode de vie ayurvédique vise à vous éviter de tomber malade, à maintenir votre santé et à lutter contre les troubles éventuels. C'est l'une des principales différences avec la médecine occidentale à laquelle nous sommes habitués en Allemagne et en Europe en général.

Pour cela, il est avant tout important d'être très attentif à soi-même et à son environnement : Le bien-être de l'être humain du point de vue ayurvédique dépend en effet de l'harmonie de la société et de l'univers dont il est une composante indissociable. Prendre soin de soi, de l'environnement et des autres, et tenir compte de leur interdépendance, permet de prendre conscience de ce qui est bon pour votre santé et votre spiritualité. Selon l'art ancestral de la médecine, les maladies sont dues à un déséquilibre entre le corps et l'esprit. Cette unité entre le corps (sarira), l'esprit (manas) et l'âme (atma) est, selon la doctrine ayurvédique, le fondement de la vie.

L'âme est le centre spirituel omniscient de tout ce qui existe, et elle est également la condition préalable du corps et de l'esprit. C'est sur elle que repose notre essence, la conscience de nous-mêmes et donc la félicité, car l'âme, contrairement au corps et à l'esprit, ne connaît ni souffrance ni trouble.

Dans la philosophie ayurvédique, l'âme est clairement séparée de l'esprit, c'est-à-dire de notre mental ou de notre psyché. C'est là qu'ont lieu la réception des informations et le traitement des impressions, c'est-à-dire les processus de pensée, en plus du subconscient, de l'émotionnel et des rêves.

Dans notre corps, l'esprit et l'âme trouvent un espace qui peut toutefois être source de souffrances et de troubles. En Ayurveda, il existe trois énergies vitales, "vata", "pitta" et "kapha", également appelées "doshas", auxquelles chaque personne peut être rattachée, car au moins une énergie vitale est dominante chez chacun. Selon l'Ayurveda, l'organisme humain se compose de ces énergies et des sept substances de base (rakta, mansa, meda, rasa, asthi, maija et shukra) ainsi que des déchets du corps (urine, sueur, matières fécales). Si tous ces éléments sont en harmonie les uns avec les autres, cela a un effet décisif sur la santé physique et psychique.

L'objet et le but de toutes les applications et méthodes ayurvédiques est donc toujours d'équilibrer au mieux les trois doshas et de les maintenir dans cet équilibre.

SANTÉ ET MALADIE

"Tout ce que nous pouvons faire nous-mêmes pour renforcer notre propre santé est plus efficace que ce que les autres font pour nous", affirme David Frawley (expert américain en ayurvéda).

Comme vous l'avez déjà lu, en Ayurveda, la santé et une vie épanouie ne sont possibles que si l'individu est en équilibre avec son environnement et la nature, mais aussi et surtout avec ses propres énergies vitales et les éléments constitutifs de sa personnalité. Ainsi, le terme ayurvédique pour la santé "svastha" se traduit par "demeurer en soi".

Selon l'ayurvéda, une personne en parfaite santé est celle dont les trois doshas sont en harmonie absolue et dont les tissus (dhatus), les déchets (malas) et les processus métaboliques (agni) sont équilibrés. De plus, l'esprit doit être clair et satisfait, et l'âme ne doit pas être influencée par les succès et les échecs, et doit rester dans un état de joie. L'enseignement ayurvédique et ses méthodes aident à atteindre cet état idéal, étape par étape, car ce n'est pas forcément facile.

Vous connaissez certainement l'état d'épuisement ou de maladie, qui n'est généralement perçu que lorsque vous vous sentez déjà épuisé. Vous n'êtes pas le seul, car nous nous rendons souvent compte trop tard que nous nous éloignons de cet état d'harmonie entre le corps et l'esprit. Il s'ensuit alors un déséquilibre harmonieux qui entraîne à son tour des souffrances physiques et psychiques, des maladies et des troubles.

Certains facteurs peuvent conduire à une telle surcharge de l'organisme, notamment une mauvaise alimentation, le stress et des habitudes de vie généralement malsaines. Diverses pratiques ayurvédiques vous permettent d'avoir une perception plus claire de vous-même et de votre corps, et donc de sentir le plus tôt possible ce qui est bon ou moins bon pour vous, quand vous avez besoin de faire une pause ou de ralentir, etc.

Si nous modifions suffisamment tôt notre mode de vie et notre alimentation, il est encore relativement facile de remédier aux troubles au stade initial. Pour les problèmes à long terme, il est plus difficile de guérir le corps en retrouvant l'harmonie. Il faut alors recourir à des thérapies plus profondes.

L'Ayurveda aide à changer de mode de vie de manière autonome et propose des approches variées et personnalisées qui ont un impact positif sur votre énergie et votre santé. Dans nos sociétés occidentales, le stress et l'agitation de la vie quotidienne sont devenus presque la norme pour beaucoup de gens et nous aspirons à pouvoir compenser ce rythme effréné. Grâce aux méthodes calmantes et tonifiantes proposées par l'Ayurveda , beaucoup trouvent un havre de paix qui constitue une alternative rafraîchissante et un refuge face aux défis auxquels nous sommes parfois inévitablement confrontés.

La prise de conscience de notre propre corps, des besoins de notre organisme et de leur lien avec l'univers nous permet d'avoir une nouvelle perspective sur la vie et sur nous-mêmes, il n'est donc pas étonnant que de plus en plus de personnes s'y intéressent et souhaitent découvrir l'ayurveda. Pour vous aussi, cette approche peut ouvrir tout un nouveau monde de possibilités, de santé et d'expériences positives avec vous-même.

UN VOYAGE DANS L'INDE ANCI-ENNE

Vous connaissez déjà l'origine du mot Ayurveda et sa signification dans la langue indienne ancienne. Mais d'où vient exactement cette ancienne médecine, qui est aussi moderne aujourd'hui qu'il y a quelques années ?

Notre petit voyage dans le temps nous emmène en Inde, où l'art de guérir et la médecine en général ont une tradition très ancienne. Nous trouvons des preuves de connaissances médicales dès l'âge de pierre et, vers 7000-6000 avant J.-C., les anciens Indiens auraient même eu des connaissances dans le domaine de la dentisterie. Ils avaient également une bonne connaissance de l'anatomie humaine, de la digestion et de la circulation sanguine. Les premiers hôpitaux auraient également ment vu le jour à cette époque et la culture de plantes médicinales aurait eu lieu. Il n'est donc pas surprenant que l'origine de l'Ayurveda soit estimée à 5000 ans avant notre époque. Malgré l'incertitude quant à son âge exact, nous savons qu'il provient de la civilisation védique de l'Inde et qu'il s'agit donc du plus ancien système de santé qui nous soit parvenu.

Dans les anciens recueils d'écrits des anciens Vedas hindous, dans lesquels nous trouvons des enregistrements de la connaissance indienne, nous rencontrons la légende de la doctrine ayurvédique qui parle de Brahman, qui dans la mythologie indienne est le créateur de l'univers et qui aurait apporté la connaissance de l'art de la guérison au monde. Pendant des siècles, ce savoir aurait été transmis oralement avant d'être finalement consigné par écrit.

Lorsque le bouddhisme a connu son apogée en Inde, entre 323 avant J.-C. et 642 après J.-C., l'ayurvéda est devenu de plus en plus populaire. Bien que les bouddhistes aient rejeté l'ensemble des enseignements des Védas hindous, ils ont intégré la doctrine ayurvédique dans leurs propres systèmes médicaux et ont renouvelé ou complété certaines approches par leurs propres connaissances. C'est à cette époque qu'un système de santé publique a été mis en place, avec l'utilisation gratuite des plantes médicinales cultivées, la création de pharmacies et d'hôpitaux et l'organisation de la profession d'infirmier. Comme vous pouvez le constater, un système de santé tel que nous le connaissons aujourd'hui a été mis en place il y a des milliers d'années, et ce avec succès !

En chassant plus tard les bouddhistes de l'Inde, ceux-ci ont contribué à la diffusion de la doctrine ayurvédique jusqu'en Europe.

Pendant l'occupation turque, qui a duré de 1100 à 1600 après J.-C., l'ayurvéda a été renouvelé et a connu un regain de popularité. Les différentes influences des enseignements ayurvédiques ont été combinées avec les systèmes de la médecine traditionnelle indienne.

Lorsque les colonisateurs anglais ont conquis le sous-continent indien, tous les systèmes de soins naturels ou traditionnels ont été interdits, en particulier la médecine naturelle ayurvédique. Malgré cette répression, l'ayurvéda a survécu et occupe toujours une place importante dans la société indienne, avec plus de 400.000 médecins qui pratiquent l'ayurvéda en Inde, dont certains sont officiellement reconnus par le gouvernement. L'enseignement est également diffusé dans les universités ou les collèges et est toujours enrichi par des médecins et des philosophes.

Les principaux éléments

Les mots "système holistique" ont été prononcés et vous avez appris que le corps, l'esprit et l'âme doivent être en accord, voire en harmonie, pour atteindre une santé réelle et absolue. Alors, comment parvenir à cet état ou s'en rapprocher ?

L'Ayurveda vous aide grâce à des éléments clés, c'est-à-dire des méthodes sur lesquelles l'enseignement se fonde.

Il s'agit tout d'abord de la diététique, qui s'adapte aux différents types d'ayurvéda et se base sur des aliments, des épices et des herbes naturels. En fonction des caractéristiques de votre corps et de votre état de santé, vous avez donc la possibilité de vous régaler de manière littéralement saine. Magnifique, n'est-ce pas ? La purification est également au cœur de l'enseignement ayurvédique : les massages et la désintoxication ainsi que l'utilisation d'huiles et les routines matinales sont des éléments importants qui vous permettent de rester régulièrement en bonne santé et de vous sentir bien.

Les pratiques de yoga, la méditation et le pranayama (exercice de respiration qui contrôle et augmente l'énergie vitale) sont d'autres approches visant à renforcer votre conscience. Votre comportement joue également un rôle important, car vous devez adapter votre vie à l'environnement et aux différents rythmes naturels des jours, des années et de la vie en général. Les plantes médicinales et les minéraux sont les pierres angulaires de la médecine ayurvédique et, pour finir, vos sens doivent être aiguisés et choyés par le goût, les couleurs et la musique. Toutes les thérapies ayurvédiques, qu'elles soient préventives ou curatives, font toujours appel aux herbes, aux épices et aux remèdes naturels.

Afin de pouvoir proposer une thérapie individuelle et adaptée au type, un expert détermine quels doshas agissent le plus chez une personne donnée, c'est-à-dire à quel type d'ayurveda elle peut être rattachée. Différents diagnostics entrent en jeu, notamment le diagnostic par le pouls et le regard, mais aussi un entretien personnel. En Inde, l'horoscope de la personne est également pris en compte. Il existe également quelques auto-tests et descriptions sur Internet qui vous permettront de vous situer, mais l'avis et l'examen d'un expert est toujours la voie la plus sûre et un interlocuteur expérimenté vous aidera, surtout au début, à vous familiariser avec les différentes définitions, méthodes et questions de santé.

Les différents massages, les changements alimentaires, le yoga et le traitement par des plantes spécifiques, qui font partie du mode de vie ayurvédique, visent à équilibrer les doshas. Ces approches ne sont pas seulement utilisées en thérapie, mais aussi dans le domaine du bien-être.

Un aperçu des éléments essentiels de l'Ayurveda vous attend ci-dessous, êtes-vous prêt ?

NUTRITION

L'alimentation est l'un des éléments centraux de l'Ayurveda, car l'absorption des aliments par notre corps influence directement la santé et la maladie, ainsi que la croissance et le déclin de l'être humain. Les substances de base dont nous avons besoin et les déchets que nous produisons sont des éléments importants de l'organisme et, selon la doctrine ayurvédique, ils influencent donc également l'esprit et l'âme. Il ne s'agit pas ici de se priver, mais de renforcer le corps et l'esprit avec des aliments appropriés. Ce faisant, les sens doivent être choyés et renforcés.

Le régime ayurvédique est principalement de type ovo-lacto-végétarien, ce qui signifie que les aliments frais et végétaux tels que les fruits et les légumes, les produits laitiers et les céréales, ainsi que l'huile et le ghee, font partie du régime alimentaire. Le ghee est une façon particulière de préparer le beurre, vous trouverez une recette plus loin dans ce guide - laissez-vous surprendre ! La consommation de viande, d'œufs et de poisson ainsi que d'alcool n'est pas considérée comme nocive dans l'Ayurveda classique et est tout à fait légitime, mais elle est recommandée en petites quantités équilibrées. Les protéines animales ne doivent pas non plus être consommées en combinaison, car cela peut entraîner des déchets métaboliques. La consommation de fruits et de légumes frais est particulièrement importante et devrait être quotidienne, afin d'améliorer l'apport en vitamines, en phytonutriments et en minéraux.

Le thé joue également un rôle non négligeable dans la doctrine ayurvédique de la santé, car les différentes herbes aident à équilibrer les énergies vitales. Le corps doit d'une part être hydraté et d'autre part soutenir la forme et la santé. Il existe de nombreuses possibilités de variations, c'est pourquoi le thé est également consommé en fonction du type d'ayurveda.

L'art de guérir s'adapte déjà aux différents types de constitution Pitta, Vata et Kapha dans la diététique ; vous mangez donc ce qui est bon pour votre corps. Néanmoins, il existe des recommandations qui s'appliquent à l'ensemble du régime ayurvédique. Cela est particulièrement utile si vous souhaitez découvrir l'alimentation ayurvédique et l'essayer indépendamment de votre dosha, ou si vous ne savez pas encore à quel type vous appartenez.

Règles générales de base

Les règles de base les plus importantes pour stimuler votre digestion et fournir de l'énergie à votre corps comprennent

1. Ne mangez que lorsque vous avez vraiment faim : c'est le signe que la digestion du repas précédent est terminée et que votre organisme est prêt à se réalimenter.

2. Ne mangez pas à satiété : remplir l'estomac aux trois quarts environ vous donnera suffisamment d'énergie pour la journée et la digestion ne sera pas surchargée, de sorte que vous vous sentirez revigoré après le repas et non pas fatigué et épuisé.

3. Mangez en pleine conscience : l'Ayurvéda recommande le calme lors de la prise de nourriture, vous devez marcher, rester debout et éviter le stress pendant le repas. Prenez votre temps, asseyez-vous et évitez les distractions telles que la télévision ou autres. La façon dont vous mangez a un impact sur la tolérance et la digestion.

4. Consommez le repas principal à midi : le matin,

votre corps est encore en train de se détoxifier, et le "feu digestif" (Agni) est plus faible le matin et le soir qu'à midi. C'est donc lorsque le soleil est au plus haut qu'il faut prendre le plus gros repas. Le petit déjeuner et le dîner doivent donc être plus légers et plus petits.

5. Ne boire qu'en cas de soif : Dans la doctrine ayurvédique, il est généralement déconseillé de boire des boissons fraîches et de boire pendant les repas, car cela ralentit la digestion. Ne buvez donc pas environ une demi-heure avant le repas et attendez ensuite également une demi-heure avant de boire à nouveau. En règle générale, l'équilibre hydrique est important, mais vous devez écouter votre corps et réagir lorsque vous ressentez la soif.

6. Préférez le chaud au froid : l'Ayurvéda considère que le chaud est plus digeste et plus facile à digérer, aussi bien pour les boissons que pour les repas. Il est donc préférable de boire des tisanes ou de l'eau tiède.

7. Absorber toutes les saveurs : La diététique ayurvédique décrit six saveurs (rasa) : le sucré, l'acide, le salé, le piquant, l'amer et l'âpre devraient être re-présentés dans chaque repas équilibré.

8. Privilégiez la qualité et la fraîcheur : les ingrédients de vos repas doivent être de préférence locaux et de saison, et les produits biologiques sont les plus appropriés. Les fruits ne doivent pas être combinés avec d'autres aliments et les produits à base de soja non fermenté doivent être évités.

9. Ne réprimez pas les besoins naturels : aller à la selle, éructer, bâiller, pleurer, etc. sont des processus naturels du corps et ne doivent pas être réprimés selon l'enseignement ayurvédique, alors laissez sortir ce qui doit sortir !

10. Les épices : Les épices sont considérées par les Indiens comme une nourriture divine et la cuisine ayurvédique s'appuie également sur elles, car elles sont importantes pour le corps et l'esprit. Les principales épices utilisées dans la cuisine ayurvédique sont le gingembre, le curcuma, la cardamome, le cumin, la coriandre, les clous de girofle, la muscade, le poivre, le safran et la cannelle. Les épices en général sont censées apporter calme et force, mais chacune d'entre elles possède en outre des vertus médicinales spécifiques. Ainsi, on combat les inflammations avec le curcuma ou on a recours à la muscade en cas de troubles du sommeil. Le safran est censé prévenir le cancer, tandis que la cardamome peut stimuler la digestion. Il en va de même pour les épices : les effets varient en fonction de l'énergie vitale prédominante.

Subdivision des aliments

Dans la diététique ayurvédique, il existe trois classes (gunas) dans lesquelles tous les aliments sont répartis, elles sont appelées sattva guna, rajo-guna et tamo-guna.

Selon l'alimentation ayurvédique, le sattva guna est la classe à laquelle appartiennent les aliments bénéfiques. Ceux-ci sont huileux, sucrés ou juteux et optimisent votre bien-être et peuvent même vous permettre de vivre plus longtemps. Les produits laitiers (en particulier le beurre clarifié : ghee), les céréales et les légumes frais en font partie.

Dans le Rajo-Guna, vous trouverez par exemple du piment, de l'ail et des oignons, c'est-à-dire principalement des aliments amers, acides, piquants ou salés. Ceux-ci chauffent le corps et l'esprit et peuvent, selon l'enseignement ayurvédique, favoriser la colère et l'agressivité.

Enfin, le Tamo-Guna comprend des aliments tels que la viande et le poisson, qui sont censés drainer l'énergie du corps et sont la cause de divers maux et maladies.

Une alimentation équilibrée au sens de l'Ayurveda est donc une alimentation basée principalement sur des aliments sattviques. Toutefois, cela ne signifie pas que vous devez renoncer complètement à la viande ou à certaines épices fortes, car selon votre constitution, elles peuvent même avoir un effet équilibrant.

MASSAGES

Outre l'alimentation, il existe d'autres approches thérapeutiques de l'art de guérir ayurvédique et vous pouvez vous réjouir : le massage en fait partie.

Les massages ayurvédiques doivent permettre au corps de se reposer : Détente, purification et renforcement du système immunitaire sont le but de l'opération. On utilise beaucoup d'huile chaude et un toucher doux, ce qui apaise et revitalise à la fois.

Là encore, les formes sont diverses et variées. Les massages au tampon, les massages exfoliants, les massages à sec- , les massages en profondeur et les massages tête-visage-épaules-cou ne sont que le début. Il existe même divers massages pour les oreilles, les yeux et le nez, afin que le corps tout entier puisse se détendre. L'ayurvéda décrit les centres d'énergie sur tout le corps comme des points marma, chacun d'entre eux ayant des propriétés spécifiques. La connexion de tous ces points marma crée un réseau énergétique dans tout le corps. Selon l'endroit où l'on masse, les massages soutiennent donc ce réseau subtil par le biais des points d'énergie respectifs.

Deux des types de massage très populaires en Ayurveda, que vous découvrirez plus en détail ci-dessous, sont le massage Abhyanga et le massage Shirodhara.

Huilage du front : Shirodhara

Les plus connus des massages ayurvédiques sont les "jets d'huile sur le front" ou "jets sur le front". Le mot "shirodhara" est composé de "shiro" (tête) et "dhara" (flux), ce qui décrit un flux sur la tête. Une telle application est considérée comme très bénéfique et relaxante et a un effet très apaisant.

L'infusion frontale se fait en position allongée, à l'aide d'un récipient spécial pour l'infusion d'huile frontale, d'où l'huile chauffée s'écoule sur une mèche en fil de coton qui flotte à quelques centimètres au-dessus du front de la personne. L'huile est généralement composée d'une huile de base et de différentes herbes médicinales. Cette préparation est appelée "Thaila" et est appliquée sur le front de la personne soit de manière statique, soit par petits mouvements circulaires. Là encore, les essences d'herbes utilisées pour le mélange dépendent du type de constitution de chacun.

Entre les sourcils se trouve le point Ajna-Marma, ainsi que le troisième œil, également connu sous le nom de 6ème chakra ou chakra frontal. Cette zone est associée au centre de l'intuition de l'âme et de la conscience. Le traitement à l'huile permet de stimuler et d'activer en douceur ce centre énergétique spécifique.

Le shirodhara harmonise avant tout le système nerveux végétatif, ce qui permet de lutter contre les tensions et les maux de tête (chroniques). Le massage a également un effet équilibrant sur les deux hémisphères cérébraux, ce qui en fait un traitement particulièrement adapté si vous souffrez de troubles du sommeil ou de stress post-traumatique. Les dépressions ou l'hypertension, ainsi que les symptômes de burn-out tels que l'épuisement, peuvent également être traités et améliorés à merveille grâce à l'infusion d'huile frontale.

Si vous souhaitez profiter d'un tel bain de front, vous pouvez vous faire soigner par un thérapeute ayurvédique bien formé. Vous pouvez choisir entre un shirodhara en tant que traitement autonome ou dans le cadre d'une cure complète.

Un expert traite de manière globale et peut établir un concept thérapeutique adapté à votre état de santé actuel. Si vous souhaitez simplement vous détendre, de nombreux centres de bien-être proposent également des traitements par affusion d'huile frontale, qui se concentrent moins sur la santé et plus sur la relaxation bienfaisante. Veillez toutefois à ce que le traitement soit effectué par un personnel qualifié.

Massage complet du corps : Abhyanga

Si le fait de chouchouter et de traiter certaines parties de votre corps ne vous suffit pas, le massage complet et bienfaisant Abhyanga est exactement ce qu'il vous faut. Il utilise des huiles chaudes à base d'herbes, parfois des infusions, qui sont appliquées sur tout le corps et massées avec de légers mouvements de caresse.

Traditionnellement, l'abhyanga est considéré comme le point culminant des massages ayurvédiques à l'huile et vous en ressentirez immédiatement les effets. Tout d'abord, ce massage extrêmement relaxant sert à harmoniser les énergies du corps et à faire du bien à la peau. Les mouvements réguliers permettent une pénétration profonde des huiles de qualité dans la peau, ce qui entraîne une vitalité et un rajeunissement visibles de celle-ci.

Le massage à l'huile serait également utile pour éliminer les toxines. En effet, les techniques de massage spécifiques auraient pour effet d'ouvrir différents canaux de purification afin de renforcer le système immunitaire en éliminant les toxines.

De plus, les cellules et les organes sont nourris par les huiles. L'un dans l'autre, une utilisation réussie se traduit donc par un rayonnement sain grâce à un système immunitaire renforcé, une peau soyeuse et un système nerveux apaisé.

Pour réaliser un tel massage complet du corps, il faut faire appel à de vrais professionnels qui connaissent très bien l'ayurvéda. Ici aussi, il s'agit d'activer les points énergétiques individuels, sur lesquels différentes huiles sont appliquées et massées avec une légère pression. Traditionnellement, le massage est effectué à quatre mains, mais il est également possible d'effectuer des massages individuels. Certains points marma sont activés en fonction de la morphologie et des différentes caractéristiques du corps.

Le massage abhyanga est particulièrement recommandé aux sportifs et aux personnes soumises à un travail physique quotidien ou à un stress intense. Le massage complet du corps est également recommandé pour les travaux intellectuels qui demandent beaucoup d'énergie, mais il existe des situations où il est déconseillé de le pratiquer. Il s'agit notamment de symptômes de maladie tels qu'un fort rhume ou de la fièvre, et ce n'est pas non plus le moment de le faire si vous avez l'estomac plein, juste après un repas.

THÉRAPIES DE PURIFICATION ET PHYTOTHÉRAPIE

Les domaines de la thérapie d'élimination et de purification ("panchakarma") et de la phytothérapie ("dravyaguna") sont appliqués conjointement au patient afin de détoxifier et de guérir le corps.

La cure de purification est la première étape pour débarrasser le corps des déchets et des toxines. Ensuite, les herbes médicinales peuvent déployer tous leurs effets.

Panchakarma

Le panchakarma, qui signifie "cinq actions" ou "cinq activités", consiste à nettoyer votre corps. Comme son nom l'indique, il fait appel à cinq méthodes spécifiques :

- Laxatif
- Lavement à base de plantes
- Anti-nauséeux
- Rincements de nez
- La saignée.

Une telle cure nécessite un diagnostic initial, au cours duquel vos symptômes et votre état de santé général sont clarifiés par un entretien approfondi avec le patient.

Le diagnostic par le pouls est également utilisé ici par la plupart des thérapeutes.

Après un tel diagnostic, un plan de traitement individuel est à nouveau établi pour le panchakarma, en fonction de la constitution et des besoins du patient.

Une cure de Panchakarma doit durer au moins dix jours pour donner à votre corps le temps de se débarrasser des toxines et de retrouver sa vitalité grâce aux épices et aux herbes. La plupart du temps, la durée est même de trois semaines ou plus, elle varie en fonction des troubles de chaque patient. Dans le cas de maladies chroniques, une cure de panchakarma peut s'étendre sur 12 semaines.

L'effet curatif est renforcé par des traitements à l'huile tels que les massages, car les huiles dissolvent les toxines et les déchets des tissus, qui doivent ensuite être éliminés dans le cadre de la thérapie de nettoyage. D'autres éléments, tels que le yoga ou la méditation, peuvent également être ajoutés au plan de traitement afin de le rendre encore plus holistique.

L'alimentation joue également un rôle important pendant la cure de Panchakarma, car les aliments, les herbes et leurs modes de préparation jouent un rôle déterminant dans le processus de purification et influencent donc également la guérison. Comme l'organisme ne doit pas réabsorber de nouvelles toxines par la nourriture après le nettoyage, la cuisine ayurvédique est particulièrement légère et contient des aliments purifiants.

La cure ayurvédique fortifiante est particulièrement indiquée pour les personnes stressées qui sont exposées au stress quotidien et qui se sentent constamment fatiguées ou qui souffrent de symptômes de burn-out. D'autres maladies chroniques et de civilisation sont également des domaines d'application, car la réduction du stress permet dans la plupart des cas d'atténuer les symptômes. Les patients rapportent une sensation de rajeunissement, de forme et de vitalité, surtout en cas d'utilisation régulière.

Selon les traditions, toute personne ayant terminé sa croissance peut en principe suivre une telle cure. Cependant, la cure de panchakarma n'est pas recommandée si vous vous sentez faible physiquement, car l'organisme a besoin de beaucoup d'énergie malgré tout. Le corps doit pouvoir se régénérer après une opération ou une intervention chirurgicale importante. La prudence est également de mise en cas d'inflammation aiguë : Dans ce cas, les systèmes de défense du corps sont déjà pleinement engagés et une activation supplémentaire des forces peut conduire à des états de surmenage.

Contrairement aux traitements de bien-être, la pratique du panchakarma en Allemagne n'est autorisée qu'aux praticiens de santé et aux médecins qui doivent avoir suivi une formation complémentaire en ayurvéda. Un contact régulier entre le patient et le médecin pendant le traitement est également important afin d'ajuster la condition et d'obtenir un résultat maximal.

Dravyaguna

Dravyaguna, la science des forces curatives naturelles ou pharmacologie en ayurvéda, est considérée comme la discipline reine. Il s'agit de savoir comment un remède (thé, épice, herbe) affecte le corps. On décrit ainsi ses propriétés (guna), son action (karma) ou son effet exceptionnel (prabhava), son goût (rasa), sa puissance (virya) et son goût après la digestion (vipaka).

Les recettes traditionnelles, qui peuvent être adaptées individuellement aux patients, ont été conservées par écrit et transmises. Il existe 8000 espèces d'herbes connues en Inde, 1400 d'entre elles sont définies comme des plantes médicinales et 400 sont utilisées dans les mélanges les plus courants en Ayurveda.

YOGA

Le yoga est un autre élément important de la doctrine ayurvédique, qui a même été reconnu comme patrimoine culturel mondial par l'UNESCO. Il aide à éliminer les toxines, fait du bien au corps et peut être utilisé de différentes manières selon son type. Qu'il s'agisse d'un sport, d'une activité méditative et relaxante ou d'un moyen de vivre en meilleure forme et en meilleure santé : Le yoga peut tout faire. Il n'est donc pas étonnant qu'il soit actuellement très en vogue.

Les racines de l'élément ayurvédique se trouvent bien entendu également en Inde et proviennent des philosophies hindouiste et bouddhiste. Le yoga y est traditionnellement considéré comme un voyage spirituel à la recherche de l'illumination. Le corps est le moyen de transport de votre âme, qui est à son tour guidée par votre esprit. Les cinq organes sensoriels qui vous font avancer sont également importants. La combinaison de tous ces éléments est le yoga, qui réunit en harmonie le corps, l'esprit et l'âme avec toutes nos caractéristiques.

Sérénité, vitalité et force sont le résultat des exercices.

Une pratique idéale combine les asanas (postures), les pranayamas (exercices de respiration) et les mantras, c'est-à-dire les mots de méditation.

Ces trois aspects stimulent le métabolisme, développent la force et la stabilité et calment le système nerveux par une respiration synchronisée. Il existe maintenant à nouveau différents styles qui s'orientent sur ces facteurs et qui vous répondent plus ou moins.

1. Le Hatha Yoga est la discipline classique par laquelle tout a commencé. A l'origine, le yoga était purement méditatif et devait conduire à la connaissance de soi par des exercices mentaux. Avec le hatha yoga, ces exercices ont été complétés par des exercices physiques. "Hatha" est le mot qui désigne l'union et l'unité d'énergies opposées, comme le chaud et le froid, le masculin et le féminin, etc. Ces opposés doivent être équilibrés à l'aide de la méditation et, dans le cas du hatha yoga, à l'aide des asanas. La philosophie du hatha a donné naissance aux innombrables écoles et styles que nous connaissons aujourd'hui.

2. Le kundalini yoga est originaire du tantra et a été popularisé aux États-Unis dans les années 60 par Yogi Bhajan. Cet enseignement est considéré comme très

spirituel et énergétique. Un mélange de respiration consciente, de méditation sur des mantras et d'exercices physiques dynamiques est impliqué, tout comme la dévotion de l'élève envers le gourou. Selon cet enseignement, chaque personne possède une force éthérée, l'énergie kundalini, qui prend la forme d'un serpent enroulé et endormi au bas de la colonne vertébrale. L'objectif est d'éveiller cette énergie en dirigeant la respiration pour qu'elle serpente vers le haut le long de la colonne vertébrale. La félicité totale est atteinte par celui qui parvient à faire remonter le serpent jusqu'en haut.

3. L'Ashtanga Yoga se caractérise par sa force et ses mouvements dynamiques. Également connu sous le nom de power yoga, l'ashtanga yoga est pratiqué dans les salles de sport, car il s'agit de l'une des formes de yoga les plus exigeantes et il est utilisé depuis quelque temps pour diverses séances d'entraînement. De nombreuses asanas se caractérisent par des jambes ou un torse tendus. Pour étirer le corps et pratiquer cette forme de yoga, vous devez déjà avoir une certaine forme physique.

4. Le yin yoga se pratique principalement en position assise ou allongée et est un style très calme qui se concentre sur la respiration correcte et la relaxation. Cette forme de yoga plutôt passive aide à réduire la nervosité en utilisant des asanas qui ménagent les articulations et qui sont maintenus pendant trois à cinq minutes. Le yin yoga est un excellent équilibre avec les styles de yoga plus dynamiques et actifs.

5. Les asanas dont vous avez peut-être déjà entendu parler sont "la salutation au soleil", "le chien qui regarde vers le bas" et "le guerrier". Ils sont également très populaires dans d'autres sports, dans les exercices d'étirement ou, dans le cas du guerrier, ils servent à renforcer le dos et à tonifier les muscles pectoraux.

D'ailleurs, certains exercices vous permettent de brûler les graisses en activant certaines parties de vos muscles, le yoga est donc également bon pour faire fondre les kilos superflus et sculpter votre corps.

Le yoga peut également être utile pendant la grossesse pour soulager les douleurs classiques telles que les maux de dos et les nausées, et même pour préparer l'accouchement grâce à des asanas spécifiques.

Les trois doshas / types ayurvédiques

Ce qui est important dans l'Ayurveda, c'est l'interaction des cinq éléments : le feu, l'eau, l'air, la terre et l'espace (éther), qui reflètent la force de la nature. La doctrine des doshas défend également la philosophie selon laquelle tout dans ce monde, y compris les êtres humains, porte en lui ces cinq éléments. Dans le corps humain, ils sont regroupés en trois énergies vitales : vata, pitta et kapha. Traduit du sanskrit, dosha signifie "défaut (potentiel)", ce qui signifie qu'il faut les maintenir en interaction harmonieuse, car un déséquilibre des énergies est à l'origine de maladies physiques et psychiques.

Ces modèles énergétiques se trouvent dans chaque cellule et sont donc présents dans tout le corps, ils contrôlent donc tous les processus, non seulement physiques, mais aussi émotionnels et mentaux.

Ces énergies varient d'une personne à l'autre, l'énergie prédominante décrivant le type auquel vous appartenez. Bien que vous soyez né avec les trois, chaque personne présente un mélange différent, une combinaison individuelle de doshas. La plupart du temps, un ou deux doshas prédominent et déterminent la constitution ayurvédique. Il est possible de déterminer à quel type de personne appartient une personne, par exemple en fonction de sa constitution ou de sa température. L'aspect de la peau et l'appétit peuvent également fournir des indications.

Les doshas se distinguent par leur apparence, leur tempérament et leurs traits de caractère, c'est pourquoi le mode de vie, jusqu'à l'alimentation, et donc les thérapies et les traitements, doivent être adaptés au type.

C'est justement en adaptant le choix des plats que l'on doit pouvoir soulager de nombreux troubles constitutionnels, voire les éliminer complètement dans certains cas.

VATA

Les éléments air et espace caractérisent le type vata, qui représente le mouvement et est également considéré comme une énergie vitale. Tous les processus dynamiques du corps, c'est-à-dire la respiration, les battements du cœur et la parole, mais aussi la créativité, sont décrits par ce dosha. C'est pourquoi ses propriétés caractéristiques sont le froid, la clarté, la rugosité et la sécheresse. La saison à laquelle Vata est associé décrit la période froide d'octobre à janvier. Les personnes chez qui Vata prédomine ont une aversion pour le temps froid et humide.

L'apparence d'un type Vata est caractérisée par des structures délicates et gracieuses : sa structure corporelle, en particulier les traits du visage, les mains et les pieds semblent légers. Les visages longs et anguleux avec des nez étroits, de petits yeux et des lèvres également étroites sont typiques. Le cou est également fin et filiforme.

La peau et les cheveux sont également fins et plutôt secs et froids.

L'appétit et la digestion sont plutôt irréguliers

chez les types Vata, qui sont donc également sujets à la constipation, aux ballonnements et à l'insuffisance pondérale.

Dans l'état d'esprit, on trouve également chez le type Vata l'élément prédominant de l'air, il est vif, plein d'idées, créatif et aime les activités spontanées. Les personnes dont le dosha est prédominant aspirent à des changements dans leur vie, car elles s'enthousiasment rapidement pour la nouveauté. Elles sont souvent artistes et aiment voyager, mais perdent rapidement leur enthousiasme en raison de leur état d'esprit changeant. La volatilité et la nervosité sont également des caractéristiques qui résultent d'un mode de vie instable. De nombreux types vata sont hyperactifs, mais se fatiguent très vite après des poussées d'énergie initiales, car l'énergie physique et mentale arrive par à-coups.

Les Vatas sont facilement déséquilibrés, en plus de leur vivacité, ils sont très sensibles et ruminants, ce qui entraîne souvent des oublis et des troubles du sommeil car ils se détendent mal.

En cas de déséquilibre de Vata, tout l'organisme est perturbé, de sorte que la légèreté se transforme en insécurité et en anxiété, et que la soif de connaissance devient un surmenage.

Conseils pour les types Vata

L'alimentation du type vata doit être équilibrée et nutritive, et il est préférable qu'elle soit consommée en petits repas réguliers, auxquels il faut consacrer du temps. Les aliments chauds et cuits sont plus appropriés que les crudités. Les saveurs salées, acides et sucrées sont les plus efficaces pour contrer l'énergie dominante de Vata et sont donc recommandées.

Parmi les produits animaux, presque tous les produits laitiers conviennent très bien au type vata, car ils sont souvent liquides et un peu gras, ce qui est bon pour un vata. Les crèmes glacées sont toutefois à éviter, car elles sont trop froides pour les personnes de type vata.

Les viandes blanches, le poisson et les œufs peuvent également faire partie de votre alimentation.

Les épices de soutien sont par exemple le gingembre, la cardamome, la cannelle et la moutarde, ainsi que le fenouil, la muscade, le poivre de Cayenne et le cumin. Les herbes vertes fraîches comme le basilic et la coriandre conviennent également très bien au type ayurvédique aéré.

La cuisine végétarienne offre également toutes sortes de possibilités pour les personnes de type vata. Toutes les noix et graines sont merveilleuses en petites quantités, le riz et les céréales sont également recommandés, tout comme les lentilles et les pois chiches. Les huiles et graisses diverses ne font pas non plus de mal à ce type de constitution aérienne.

Les édulcorants naturels, en particulier les fruits frais et mûrs comme les bananes, les mangues, les baies, les raisins et bien d'autres, sont également d'excellents aliments. Le plan alimentaire du type vata prescrit des légumes cuits ou bouillis, dont les carottes, les betteraves, l'avocat et les artichauts.

En ce qui concerne la boisson, les boissons chaudes, en particulier les thés, sont les premières à être consommées par les personnes dont la constitution est dominée par Vata. Les saveurs sucrées, comme le thé à la réglisse ou à la vanille, conviennent très bien, mais les tisanes aux herbes et aux épices avec de la cannelle, du poivre et des mélanges de clous de girofle sont également parfaites pour renforcer l'équilibre. Enfin, le gingembre chaud n'est pas mal non plus, car il renforce les défenses immunitaires et réchauffe l'intérieur.

En ce qui concerne le yoga, les personnes vata devraient privilégier les asanas calmes qui apportent force et endurance à leur routine. Ces exercices, que l'on retrouve notamment dans le yin yoga, permettent de calmer l'esprit. La méditation peut également être utilisée à titre de soutien. Pour équilibrer le vata en général, il est utile d'avoir des horaires réguliers et de la stabilité, c'est-à-dire tout ce qui est lié à la terre.

PITTA

Les éléments pitta, le feu et l'eau, représentent le principe de transformation ou d'énergie de notre corps. La digestion et le métabolisme sont au premier plan, mais l'équilibre hormonal, les organes sexuels et le sens de la vue sont également attribués à ce dosha. Les caractéristiques du pitta sont le chaud, le piquant, l'humidité, le liquide et la soudaineté, et les mois d'été, de juin à septembre, sont ses mois typiques. Les personnes ayant ce type de constitution ont une aversion pour la chaleur extrême.

Les caractéristiques extérieures du type pitta sont une stature moyenne, souvent un physique athlétique et sportif. Le visage est généralement en forme de cœur avec un menton prononcé. Le cou, le nez, les yeux et la bouche ont des proportions moyennes. Les cheveux sont souvent fins et doux, la peau claire et brillante, avec des caractéristiques telles que des grains de beauté, des taches de rousseur et des éruptions cutanées. Les personnes de type pitta sont également sujettes aux coups de soleil.

La détermination, l'esprit d'entreprise et le charisme, en plus du goût pour les défis, sont typiques des types de dosha fougueux. Ce sont des personnes d'action, efficaces, dynamiques et structurées, ce qui se traduit par un intellect vif et une élocution précise. Comme ils sont souvent capables de communiquer leur motivation aux autres, ce sont des leaders nés. Un sommeil profond et de qualité est également une caractéristique des personnes de type pitta.

Mais certains souffrent également de cette ambition, car ils doivent résister à une pression interne constante de performance et d'insatisfaction. Les types constitutionnels perfectionnistes détestent le manque d'organisation et ont parfois du mal à s'entendre avec des personnes moins ambitieuses, se comportent de manière intolérante et perdent patience dans les situations de stress. Des accès de colère, de l'agressivité et une forte irritabilité se font rapidement sentir dans de telles situations ou en cas d'excès d'énergie pitta. Le feu vital pitta peut également causer des problèmes de santé, notamment une acidité de l'estomac et des inflammations.

Conseils pour les types pitta

L'alimentation des personnes de type pitta doit réguler l'équilibre acido-basique, c'est pourquoi moins il y a d'épices, de sel et d'huile, mieux c'est. Comme les personnes de cette constellation se caractérisent par une très bonne digestion et donc souvent par des fringales, l'Ayurvéda recommande trois repas par jour, qui ne doivent pas être trop copieux. En général, les aliments chauds et froids conviennent, mais il est préférable d'éviter les fritures, les aliments frits et les aliments très épicés. Les saveurs recommandées sont l'amertume, le sucré et l'amertume.

La consommation de viande d'un type pitta doit être principalement orientée vers les viandes blanches, le bœuf et le porc sont donc à éviter. Les produits laitiers, en particulier le ghee, le lait et le fromage blanc, sont bien tolérés, et le poisson convient également aux personnes du dosha de feu, mais les crustacés peuvent poser problème.

Bien que les épices doivent être utilisées avec précaution, les herbes fraîches comme le persil et la coriandre, ainsi que les épices rafraîchissantes comme la cannelle, le fenouil et la mélisse, conviennent parfaitement pour assaisonner les plats. En revanche, l'ail et le poivre de Cayenne doivent être utilisés avec parcimonie, voire pas du tout. Les matières grasses doivent également être utilisées avec parcimonie en cuisine, les huiles d'olive et de coco, de tournesol et de soja étant les plus appropriées.

Contrairement au type vata, le type pitta n'a pas à se soucier des aliments crus : les fruits et les légumes peuvent donc être consommés volontiers et en grande quantité sans être cuits. En ce qui concerne les fruits, tout ce qui est sucré est bien toléré, mais les fruits acides comme les citrons doivent être évités. Les autres édulcorants conviennent également, à l'exception du miel et de la mélasse. Le type pitta peut également choisir des légumes selon ses préférences, mais il est préférable d'éviter les piments et les oignons rouges et de choisir des variétés avec des substances amères équilibrantes. Les noix de coco, les graines de tournesol et les graines de courge sont très bien tolérées par les individus de la constellation pitta, tout comme les légumineuses en général. Seules les lentilles nécessitent de la prudence. Les céréales et le riz sont également bien tolérés.

Boire beaucoup est très important pour les personnes chez qui le dosha pitta prédomine. Pitta est le seul type d'ayurvéda pour lequel les boissons fraîches, voire le thé refroidi, sont recommandés. Toutes les variations de thé vert et de thé aux herbes sont les plus appropriées. La menthe, les feuilles de framboisier ou la citronnelle conviennent également, tout comme la cardamome. Les jus de légumes ou d'airelles sont également très rafraîchissants. L'alcool et le café sont à proscrire.

Afin de trouver un équilibre entre force, dynamisme et régénération, le yogi pitta doit s'appuyer sur un mélange de différentes asanas. La méditation ainsi que les exercices de yoga physiquement exigeants sont tous importants pour l'équilibre.

KAPHA

Le troisième et dernier type ayurvédique est le kapha, principe de structure, de stabilité et de substance, dont les éléments sont l'eau et la terre. Dans le corps, cette énergie est responsable de la croissance, de la construction des tissus et de la souplesse, tandis que la tolérance et la patience font partie des tâches mentales. La période Kapha commence en février et se poursuit jusqu'en mai - les mois de printemps. Doux, lourd, mou, constant, gras et paresseux sont les caractéristiques de ce dosha.

Les caractéristiques visuelles d'un type Kapha sont un corps stable et fort. Les personnes sont soit petites et trapues, soit grandes et fortes, avec des mouvements lents et gracieux. Les personnes de type kapha ont souvent tendance à être en surpoids et obèses, et leur peau a tendance à être épaisse, douce et grasse. Les caractéristiques faciales sont également excessivement rondes, pleines, grandes et sensuelles, du cou aux lèvres, du nez aux yeux. Les cheveux sont également souvent épais et en bonne santé.

La personnalité des personnes de type Kapha est marquée par le calme, la terre et l'équilibre, en accord avec leur apparence. Des traits d'esprit détendus et stables complètent des actions réfléchies, la tolérance et un comportement affectueux. Le type ayurvédique calme pardonne et s'énerve rarement, il préfère un style de vie stable. Bien que l'assimilation de la nouveauté soit lente, une bonne mémoire à long terme et la persévérance sont les points forts du type Kapha. Son sommeil est long et profond, sa faim modérée et sa digestion lente, ce qui peut entraîner une constipation.

Comme la spontanéité, l'agitation et le changement provoquent la méfiance chez les personnes de constitution kapha, elles sont souvent considérées comme inflexibles et paresseuses. La suffisance et l'accumulation de biens sont également des vices courants. Les décisions trop hâtives les dépassent également et les poussent à atteindre leurs limites psychologiques.

Lorsque le dosha kapha est trop dominant, la personne se replie souvent sur elle-même, évite complètement les conflits et s'habitue à des schémas malsains dont elle ne parvient pas à se relever, ce qui, dans le pire des cas, peut entraîner une dépression. Les personnes manquent également de mouvement et ont tendance à devenir très obèses lorsque l'énergie est excessive.

Conseils pour les types Kapha

Selon l'enseignement ayurvédique, l'alimentation du kapha doit s'orienter vers les saveurs amère et piquante.

En fait, de tous les types ayurvédiques, Kapha est celui qui a le moins besoin de nourriture, mais en raison de sa digestion difficile et de son métabolisme lent, c'est celui qui devrait faire le plus attention aux bons aliments.

Non seulement la tendance à l'obésité, mais aussi le manque d'énergie résultent donc d'une mauvaise alimentation. C'est pourquoi le régime ayurvédique repose sur trois repas qui doivent être légers, frais et chauds. En règle générale, il faut manger peu d'aliments gras, peu d'aliments lourds et pas trop de crudités.

La viande et le poisson doivent être consommés avec parcimonie, mais la volaille maigre et le poisson maigre conviennent bien à un régime kapha. Les œufs et les produits laitiers de vache en trop grande quantité doivent également être évités au maximum, les produits laitiers de chèvre ou de brebis sont meilleurs pour le type Kapha. Les produits laitiers à base de soja ou d'autres plantes sont également bien tolérés. Le ghee est recommandé, mais il est déconseillé de consommer beaucoup de crème, de lait et de beurre pur.

Le type Kapha peut se régaler à volonté dans les rayons de fruits et légumes. Les fruits ne doivent pas être trop sucrés ou trop acides, les bananes, les ananas et les dattes sont donc moins appropriés, le miel étant un substitut plus sucré et plus approprié. Les fruits à noyaux tels que les pêches, les cerises et les abricots, ainsi que toutes les baies, conviennent parfaitement et peuvent être consommés sous forme séchée. Les légumes cuits à la vapeur sont excellents pour les personnes Kapha, notamment les légumes-racines, les choux, les brocolis et les épinards. Les légumes âpres et piquants, comme les radis et les oignons, ainsi que tous les légumes à feuilles, s'intègrent également à merveille.

Les céréales les mieux tolérées sont l'orge, le seigle, l'épeautre et le maïs. Il est préférable d'éviter le riz et les produits à base de soja, ainsi que les haricots blancs et noirs. D'autres légumineuses conviennent parfaitement, ainsi que de petites quantités de graines et d'huiles végétales.

Les épices fortes qui favorisent la digestion sont optimales pour le type Kapha et comprennent, entre autres, le gingembre, le piment et le poivre noir. La cannelle, le curcuma et un peu de sel conviennent

également, tout comme la coriandre, les clous de girofle et la cardamome.

Lorsqu'il boit, le type Kapha bénéficie également
de mélanges d'épices stimulant le métabolisme dans le
thé. La menthe poivrée, le gingembre et le piment sont
ici quelques précurseurs. Dans le dosha de repos, les
boissons doivent en tout cas être consommées chaudes,
et ceux qui aiment les boissons plus sucrées peuvent y
ajouter du miel.

Avec des asanas actifs et dynamiques, le type
kapha a toutes les chances d'utiliser le yoga à son avantage et pour sa santé. En effet, le meilleur moyen
d'équilibrer un déséquilibre kapha est de pratiquer une
activité physique régulière.

Ayurveda pour vous

Vous avez maintenant lu beaucoup de choses sur l'Ayurveda, les différentes énergies, les applications et les thérapies individuelles. Vous avez peut-être même déjà une idée du ou des types de constitution qui vous dominent et vous êtes déjà plein d'entrain pour intégrer les différentes pratiques de yoga, les mélanges d'épices et les menus dans votre vie quotidienne.

Mais par où commencer ? Il y a encore beaucoup de choses à découvrir et à apprendre, et vous devez souvent être prudent, surtout si vous débutez.

CONSEILS POUR LES DÉBUTANTS EN AYURVEDA

Tout d'abord, vous êtes certainement ravi de constater qu'il existe déjà tant de superbes offres de bien-être et de thérapies ayurvédiques dans nos pays occidentaux, on ne peut presque pas se tromper, n'est-ce pas ?

Faux ! Malheureusement, le revers de la médaille est qu'une tendance est toujours exploitée par des personnes qui ne connaissent pas suffisamment le domaine. Vous risquez donc de tomber sur des non-spécialistes qui vous concocteront des plans de traitement totalement erronés qui, à leur tour, ne vous apporteront pas les effets que vous espériez. Cela peut sembler moins dramatique dans le cas des cures de bien-être, qui promettent principalement de la relaxation, mais vous devriez toujours vous en remettre à des médecins, des thérapeutes et des experts qualifiés pour obtenir le meilleur résultat possible. Le contraire serait dommageable non seulement pour votre argent, mais aussi pour votre temps et votre santé.

En fait, les produits importés sont dangereux. Certaines teintures ayurvédiques, huiles, etc. produites en Inde et destinées à l'importation et à l'utilisation dans les pays occidentaux ne sont pas suffisamment contrôlées et contiennent donc souvent des résidus de métaux lourds. De ce fait, il arrive souvent qu'une cure ayurvédique apparemment inoffensive entraîne une intoxication au mercure ou au plomb chez les patients. Ces intoxications peuvent, dans le pire des cas, provoquer de graves dommages neurologiques chez certaines personnes, soyez donc prudent non seulement avec les thérapeutes, mais aussi avec les produits importés.

Même si vous vous êtes retrouvé dans l'un des doshas et que vous avez découvert par vous-même d'éventuels troubles, vous devriez, pour plus de sécurité, consulter un médecin ayurvédique qualifié qui vous permettra de faire une anamnèse détaillée et professionnelle. Vous pourrez ainsi être sûr des énergies qui dominent réellement et agir en conséquence. Une fois que vous avez trouvé le thérapeute, le médecin ou l'expert en qui vous avez confiance, allez-y doucement, vous n'avez pas besoin de changer directement et complètement votre mode de vie en faveur de l'Ayurveda. Commencez par choisir les enseignements ayurvédiques qui conviennent le mieux à votre vie avant de procéder à un changement complet. Comme vous le savez, Rome ne s'est pas construite en un jour et il en va de même pour votre santé : tout se fait dans l'ordre : Tout vient à point à qui sait attendre.

En ce qui concerne l'alimentation, vous pouvez par exemple introduire progressivement les règles générales dans vos habitudes culinaires avant de vous faire établir un menu personnalisé, ce qui rend le démarrage plus clair et plus facile. Si cela est compatible avec votre vie quotidienne, vous pouvez par exemple commencer par prendre le repas principal à midi, être plus attentif à votre sensation de faim et privilégier les ingrédients frais.

Pour vous initier au yoga, prenez le temps d'essayer différents lieux, différents styles et différents professeurs. Il est important que vous vous entendiez bien avec votre professeur de yoga et que vous vous sentiez à l'aise dans le studio de votre choix. Si vous n'êtes pas un super sportif ou si vous n'avez aucune expérience du yoga, commencez par le Hatha Yoga classique, qui est idéal pour acquérir des connaissances de base. Vous pouvez tester des styles plus spécifiques au fur et à mesure que vous avez un peu de pratique et que vous vous sentez plus à l'aise. N'hésitez pas à discuter avec des yogis et des personnes expérimentées : En général, tout le monde est prêt à vous aider, et l'ayurvéda est aussi une affaire d'entraide.

Vous pouvez essayer les massages, les jets d'huile et d'autres offres de bien-être qui ne présentent aucun risque pour votre type de peau. Cela ne vous demandera probablement pas beaucoup d'efforts, car chouchouter votre corps est la meilleure façon de prendre soin de votre santé. Après avoir fait quelques recherches, vous trouverez certains prestataires sérieux et des possibilités de cures de bien-être.

A LA MAISON ET AU QUOTIDIEN

Bien entendu, si vous ne pouvez plus attendre, vous pouvez commencer à vous lancer dans votre nouvelle vie ayurvédique sans avoir consulté un professionnel au préalable.

L'art de la guérison est conçu de manière à ce que vous puissiez et deviez agir de manière efficace par vous-même. De nombreux rituels, que vous pouvez facilement intégrer dans votre vie quotidienne, ne nécessitent pas de classification en constellations ou de diagnostic médical. Il s'agit d'applications simples qu'avec un peu d'entraînement vous pouvez pratiquer sans crainte à la maison ou en déplacement et ainsi faire quelque chose pour votre santé au quotidien.

La routine matinale (dinacharya), par exemple, est très populaire parmi les personnes qui vivent entièrement ou partiellement selon les normes ayurvédiques.

Vous pouvez personnaliser cette routine matinale en fonction de vos besoins personnels et l'adapter à votre dosha à un stade ultérieur. Cette routine comprend le raclage de la langue, l'absorption d'eau chaude, l'extraction d'huile, le lavage du nez et l'automassage.

Le raclage de la langue consiste à débarrasser votre langue des dépôts et des toxines le matin, dès que vous vous levez. Pour cela, il vous suffit d'utiliser un gratte-langue spécialement conçu à cet effet, que vous pouvez acheter dans votre droguerie, votre pharmacie ou en ligne. Il doit être en acier inoxydable ou en argent, la forme n'a pas d'importance, l'essentiel est que vous soyez à l'aise avec son utilisation.

L'eau chaude, qui peut également être diluée avec un peu de citron ou de gingembre, n'a pas seulement un effet dépuratif, mais stimule également votre digestion. Buvez-en tous les jours avant le petit-déjeuner.

L'extraction d'huile permet aux substances liposolubles de se lier à la muqueuse, ce qui a pour effet de réduire les bactéries. Comme la plupart de ces bactéries s'accumulent dans votre bouche pendant la nuit, cette méthode est également plus utile le matin. En général, l'oil pulling contribue à une meilleure hygiène buccale, prévient la mauvaise haleine et peut même renforcer le sens du goût.

Prenez une ou deux cuillères à soupe d'huile de coco ou de sésame dans la bouche et remuez-la pendant environ dix à vingt minutes. L'huile de tournesol convient également, il existe même des huiles ayurvédiques spécifiquement conçues pour l'utilisation dans la bouche, mais les huiles de sésame et de tournesol en particulier sont suffisantes, surtout au début, grâce à leur effet antibactérien. Rincez soigneusement les espaces interdentaires par des mouvements réguliers de la langue et de la bouche et répartissez l'huile partout dans la gorge si possible. Il est important de ne pas avaler accidentellement le mélange de votre salive et de l'huile, mais de le recracher après le temps indiqué, de préférence dans du papier toilette ou du papier absorbant. Ne le jetez pas dans l'évier ou les toilettes, car cela pourrait boucher les canalisations. Après l'utilisation, il est préférable de se rincer la bouche à l'eau chaude et d'attendre environ 15 minutes supplémentaires avant de se brosser les dents.

L'irrigation nasale a pour effet sur la santé de dissoudre le mucus, ce qui vous protège mieux contre le rhume. C'est l'une des mesures de prévention les plus populaires, qui n'est pas seulement présente dans l'Ayurveda. Attention : si vous souffrez d'une inflammation ou d'une infection aiguë, veuillez attendre qu'elle soit complètement résorbée, car la solution saline est utilisée et cela peut sinon provoquer des irritations. En plus de cette solution saline, vous aurez besoin d'un pot nasal, généralement en porcelaine, que vous trouverez sur des sites spécifiques d'ayurvéda ou de santé.

La tête est maintenant placée sur le côté et, à l'aide du pot, vous versez la solution dans la narine orientée vers le haut. La solution s'écoule ensuite par l'autre narine. Il suffit ensuite de répéter l'opération de l'autre côté.

Vous ne vous tromperez pas non plus en pratiquant un automassage quotidien. Il s'agit d'un massage traditionnel de la région abdominale qui stimule la digestion, renforce la résistance et aide à lutter contre la fatigue. Ici aussi, on a recours à l'huile. Il suffit de masser lentement et de répartir doucement dans toutes les directions. Avant de vous doucher, laissez l'huile pénétrer pendant un moment, elle vous détendra et aura un effet bénéfique sur votre peau.

D'autres massages, également à l'huile mais aussi à sec, peuvent tout aussi bien être pratiqués à la maison, vous n'avez donc pas besoin de vous rendre dans un centre de bien-être pour chaque pause détente. Même le fameux bain d'huile frontal peut désormais être réalisé seul chez soi, car un appareil spécial a été mis au point, qui vous permet de vous faire plaisir en position allongée sans l'aide d'une autre personne. Cependant, comme cet appareil n'est pas très bon marché et que, selon certains experts, le concept global est perdu, vous pouvez également faire chauffer un peu d'huile le soir - car tous les rituels n'ont pas lieu le matin - et vous la masser doucement sur le front. Cette application simple a un effet délicieusement relaxant, surtout après des journées de travail épuisantes.

En tant que débutant en Ayurveda, une recommandation que vous retiendrez certainement est la consommation régulière d'eau de gingembre. Ce tubercule est en effet un véritable allié, qui non seulement soulage les ballonnements et les nausées, mais a également un effet anti-inflammatoire et stimule la digestion.

Si vous vous sentez déjà dépassé par l'éventail des rituels matinaux après les avoir lus, vous n'êtes pas seul : peu de gens parviennent à intégrer toutes ces méthodes dans leur quotidien, par manque de temps et aussi, pour être honnête, parce que tout le monde n'est pas du matin. Mais soyez rassuré, car c'est là que les doshas entrent en jeu et que vous pouvez vous en inspirer. Certains rituels conviennent en effet particulièrement bien à votre type, tandis que d'autres sont moins importants.

Si vous êtes vata, les automassages vous conviennent parfaitement, surtout pendant les mois les plus froids de l'automne et de l'hiver. L'eau chaude du matin est également très recommandée pour vous si vous appartenez au dosha aéré.

En revanche, les types pitta bénéficient le plus du grattage de la langue et de l'extraction d'huile, tandis que les lavages de nez et le fait de se lever tôt sont généralement bénéfiques pour les types kapha.

RECETTES

Comme le meilleur est toujours à la fin, voici une sélection de délicieuses recettes ayurvédiques classiques à savourer et à se sentir bien. Vous n'avez pas besoin d'être un chef pour cela, car ces plats vraiment sains sont relativement simples et donc faits pour vous.

Ghee

Après avoir lu les premiers chapitres, le beurre clarifié ne vous est désormais plus étranger et vous vous êtes certainement déjà demandé ce qui se cache exactement derrière ce classique de l'alimentation ayurvédique.

Le ghee est considéré comme une panacée par les

anciens guérisseurs, qui le consomment non seulement comme un délice culinaire, mais aussi pour des applications externes. La liste des ingrédients est courte et simple : il suffit de 500 grammes de beurre doux d'origine biologique.

Il suffit de faire bouillir le beurre dans une casserole et de le laisser mijoter à feu doux pendant environ 45 minutes. Les blancs d'œufs s'élèvent peu à peu du beurre, que vous écumez régulièrement jusqu'à ce que le beurre ait une consistance dorée et claire. Enfin, versez le beurre clair dans un tamis recouvert d'un linge et transférez-le dans des pots.

Essayez-le et régalez-vous !

Paneer

Pour en rester aux produits laitiers, qui figurent en bonne place dans le régime alimentaire de l'Ayurveda, découvrez maintenant le fromage frais indien, qui est un délice à consommer seul et à utiliser comme ingrédient dans d'autres recettes. Le paneer a une texture un peu plus ferme que le fromage frais que vous trouvez dans les rayons des supermarchés.

Pour le préparer, vous avez besoin d'un litre de lait, d'un peu de sel et de deux cuillères à soupe de vinaigre de cidre, ou éventuellement de jus de citron, selon ce qui vous convient le mieux.

La première étape consiste à porter le lait à ébullition dans la casserole et à y ajouter immédiatement le vinaigre de cidre ou le jus de citron, ainsi que le sel. Retirez ensuite la casserole du feu.

Vous devez à nouveau disposer d'un tamis métallique que vous couvrirez d'un torchon. Placez-le sur une cuvette et versez le contenu de la casserole. Ce processus permet au petit-lait de s'écouler vers le bas. Pour aider le processus, appuyez sur les masses avec une cuillère jusqu'à ce qu'il n'y ait plus de petit-lait dans le torchon. Ce qui reste est votre propre paneer créé - moins il y a de liquide, mieux c'est !

Le délice de fromage frais doit être conservé au réfrigérateur pendant cinq jours maximum.

Curry de lentilles indien

Si vous aimez les plats consistants et épicés, n'hésitez pas à essayer le délicieux curry à l'indienne. Ici, de nombreuses épices saines de l'Ayurveda se marient à la coriandre fraîche et aux délicieuses lentilles.

Outre 250 grammes de lentilles, votre liste de courses comprend trois oignons de taille moyenne, deux gousses d'ail et de la coriandre fraîche. Vous devez également vous procurer un bulbe de gingembre et en préparer un morceau de la taille d'une noix. Dans votre étagère à épices, prenez également du curry, du sel et du poivre, ainsi qu'une cuillère à café de cumin et de curcuma. Enfin, ajoutez trois cuillères à soupe d'huile, de préférence de coco, qui se marie parfaitement avec le goût du curry.

Commencez par couper les oignons et l'ail en petits dés et râpez finement le gingembre afin de bien diffuser son arôme. Faites chauffer l'huile dans la casserole et faites revenir les ingrédients émincés. Ajoutez ensuite les épices. Il ne reste plus qu'à ajouter les lentilles et un demi-litre d'eau, le tout devrait cuire pendant environ 30 minutes.

Dressez le curry terminé sur des assiettes, décorez de coriandre et, comme vous vous en souvenez certainement : dégustez assis et en toute tranquillité.

Khichdi
Le riz au lait est pour vous un dessert ? Alors il est grand temps de découvrir la version indienne, car elle a tout pour plaire et n'a pas grand-chose à voir avec le dessert chocolaté ou à la cannelle.

Pour la dernière recette, vous avez besoin de 100 grammes de riz, de haricots mungo décortiqués et de haricots verts. Trois cuillères à soupe de ghee entrent également en jeu, et vous savez probablement les préparer les yeux fermés. Deux tomates, un petit morceau de gingembre et un piment vert ainsi que six tiges de coriandre sont également indispensables. Assaisonnez avec une pointe de couteau de curcuma en poudre, un peu de sel et une demi-cuillère à café de graines de moutarde et de cumin.

Lorsque tous les ingrédients sont prêts, commencez par vous occuper du riz et des haricots mungo, que vous devez faire tremper dans de l'eau froide, de préférence pendant une demi-heure. Pendant ce temps, coupez les haricots verts en petits morceaux et faites chauffer le ghee avec le cumin et les graines de moutarde dans une casserole séparée jusqu'à ce qu'ils éclatent sous l'effet de la chaleur.

Après le temps de trempage approprié, ajoutez le riz et les deux types de haricots dans la casserole et assaisonnez le mélange avec du sel et du curcuma. Versez ensuite de l'eau chaude pour recouvrir tous les ingrédients.

Une fois que le mélange a atteint l'ébullition, le tout doit continuer à mijoter à feu doux pendant 20 minutes pour que le riz soit bien tendre.

Pendant ce temps, vous pouvez déjà hacher finement le piment et le gingembre et couper les tomates en dés. Mélangez ensuite le tout dans la casserole avec la coriandre. Votre plat est prêt.

Épilogue

En espérant que ce petit guide vous ait donné une vue d'ensemble initiale, il est temps pour vous de vous lancer. Intégrez les conseils et astuces initiaux et intégrez-les dans votre vie quotidienne.

Mais comme plusieurs personnes sont plus intelligentes qu'une seule, n'hésitez pas à chercher d'autres sources et à demander conseil à des personnes qui s'y connaissent bien. Vous pouvez toujours en apprendre davantage. Et puisque nous parlons de cela, vous connaissez certainement le proverbe "learning by doing" (apprendre en faisant).

Cela s'applique également à votre santé et à l'initiative que vous prenez pour la prendre en main. Il est naturel que vous ne puissiez pas tout mettre en œuvre directement comme vous le souhaitez. Après tout, aucun maître (ayurvédique) n'est encore tombé du ciel. Prenez votre temps et soyez patient, même pour obtenir des résultats visibles et tangibles.

Ne vous laissez pas décourager par les incertitudes, les échecs ou les erreurs initiales, même de la part de vos interlocuteurs, et n'oubliez jamais que les médecins et les professionnels de la santé ne sont que des êtres humains et ne sont pas omniscients. Faites donc confiance aux experts, mais aussi à votre instinct et ne faites rien qui vous semble totalement inapproprié.

Votre voyage vers la santé peut prendre un nouveau chemin ici et maintenant, main dans la main avec l'environnement et votre entourage. Je vous souhaite le meilleur !